THE BEST WAY
TO BECOME AN

Ai ART
CREATOR

AI 아트 크리에이터 되는 방법 (미드저니 편)

초판 _ 2023년 2월 12일
지은이 _ AI 아트 매거진 (AI Art Magazine)
디자인 _ enbergen3@gmail.com

펴낸이 _ 한건희
펴낸곳 _ 부크크
출판등록 _ 2014.07.15.(제2014-16호)
주소 _ 서울특별시 금천구 가산디지털1로 119 SK트원타워 A동 305호
전화 _ 1670-8316
이메일 _ info@bookk.co.kr
홈페이지 _ www.bookk.co.kr
ISBN _ 979-11-410-1499-5

값은 표지에 있습니다.

AI 아트
크리에이터
되는 방법
(미드저니 편)

CONTENTS

INTRO

> "우리는 웹 3.0 시대, 새로운 직업의 탄생을
> 눈앞에 두고 있습니다."

> "그림을 그리는 화가가 아니고,
> 그림을 '작성하는 작가'가 되십시오!"

"이 책에서 우리는 그림을 AI로 만들어내는
'생성작가'라는 새로운 직업을 만나게 됩니다."

AI 아트의 등장은 화가의 상상력과 생산성을 고도화하는 새로운 도구를 제
공하고, '**AI Art Generator** [에이아이 아트 제네레이터] (**AI** 아트 생성
가) , **AI Artist** [에이아이 아티스트], **Ai Art Creator** [에이아이 아트 크
리에이터], **Ai Art Expert** [에이아이 아트 엑스퍼트]' 등, 새로운 이름의
생성자/작가/창작자/전문가의 탄생을 선언하였습니다.

"이제부터 우리는 AI 아트 크리에이터입니다."

회화예술(19세기 중반~20세기 초반)이 카메라에 의해 잠식될 것이라는 우
려가 이제는 각각의 온전한 예술장르로 번영/발전하였습니다. 자동차가 발
명되었어도 말이 멸종되지 않은 것처럼, 자전거와 천천히 걷는 사람들이 사
라지지 않은 것처럼 AI 아트는 우리에게 새로운 경험과 새로운 직업의 기회
를 열어줄 것입니다. AI 아트는 기존의 전통적인 예술의 전복과 대결을 전
제로 하지 않습니다. 누구나 배우고 모두에게 새로운 경험을 선사하고, 그리
고 또 공유하는 것을 목적으로 진화하고 있습니다. 때문에 의심과 경계의 시
선보다는 한순간이라도 빨리 체득하는 것이 웹3.0 시대를 맞이하는 현명한
자세가 될 것입니다.

"우리는 AI 아트의 첫 번째 기회를
Midjourney와 함께 시작할 것입니다."

Midjourney [미드저니]는 텍스트를 이미지로 변환하는 강력한 인공지능 기반의 도구입니다.**(Text to Image) Midjourney**는 우리의 상상력 그 자체가 새로운 매체가 될 수 있도록 탐구하는 '인공지능 예술 생성 플랫폼/애플리케이션'입니다. **Midjourney**는 '일상적인 언어로 우리가 원하는 스케치/그림/사진/3D 랜더링까지 무엇이든 생성 가능한 아트 AI'입니다. 이 책은 우리가 **Midjourney**와 함께 어떻게 그리고 얼마나 크리에이티브 한 작품을 만들어낼 수 있는지에 대해 생각을 나눌 것입니다.

"Midjourney는 Discord에서 제공하는
(인공지능 아트 생성) 신개념 로봇입니다."

Midjourney는 Discord [디스코드]라는 플랫폼 안에서 **Discord Bot** [디스코드 봇] (디스코드 로봇)을 사용하여 AI 서버로부터 호출을 주고받으면서 이미지를 만들어 냅니다. **Midjourney**를 개발한 **David Holz**는 **Midjourney**가 다른 AI 생성 프로그램과 차별적인 지점을 '사진이라기보다는 예술작품에 가까운 이미지'라고 설명했습니다.

 안의 텍스트(로고):

THE BEST WAY
TO BECOME AN
Ai ART
CREATOR

(참고 : 또다른 AI Art인 DALL-E 2는 사실주의와 전통예술에 더 뛰어납니다. 반면 텍스트에는 다소 약합니다. **Imagen**은 텍스트와 팝아트에 탁월하지만 원근감과 구성의 완성도가 떨어집니다. **Stable Diffusion**은 오픈소스이기 때문에 향후 의욕적인 개발자들에 의해 더욱 정교한 도구로 개선될 것입니다. 이들과 비교하여 상대적으로 **Midjourney**는 분위기와 특정 화풍의 구현에 탁월하지만, 일관성과 정확성에 부족함을 느낄 수 있습니다. 이들 중 어느 것이 최고가 될지는 결국 사용자의 요구에 따라 달라질 것입니다. 수백억 장의 이미지로 훈련을 받았음에도 불구하고 각각의 AI가 고유한 스타일을 가지고 있다는 사실이 흥미로운 지점입니다.)

"Midjourney는 '텍스트 to 이미지' AI입니다."

우리가 원하는 그림을 단어/문장으로 입력하면 **Midjourney**는 이미지로
만들어 줍니다. 우리와 **Midjourney**의 상상력이 작품을 만들어 내는 새로
운 경험입니다. 물론 단어 몇 개로 우리의 생각과 똑같은 이미지가 단번에
만들어질 수는 없습니다. 그럼에도 불구하고 반복적인 시도/연습을 통해 **AI**
가 우리의 요구에 어떻게 근접해 가는지를 알아갈 수 있고, 그리고 마침내
우리는 원하는 수준의 결과물에 가까이 서게 될 것입니다. 아울러 우리의 텍
스트를 AI가 작품으로 만들어 주면, 우리는 이로부터 영감을 얻고 또 다른
대안을 마련할 수 있을 것입니다.

"우리는 AI와 함께 태동한 새로운 시각화 산업을
리드할 수 있는 기회를 얻게 되었습니다."

이제 우리는 웹 3.0 시대의 완전히 새로운 예술 시장의 서막을 **AI** 아트와 함
께 열고 있습니다. **AI** 아트가 우리를 위해 일하는 환경을 구축하십시오.
Midjourney에 우리들의 작업실/제작소/공장을 만드십시오.

그러면 가까운 내일, 우리는 '**AI** 아트 전문 크리에이터'가 될 수 있습니다.

- AI 아트 매거진 (AI Art Magazine) -

NOTiCE

앞서 알려드립니다!

"Midjourney에서 사용하는 주요 용어와 개념은
'영한병기' (영문 [우리말 발음토] 해석)로 소개합니다."

이유는 **Midjourney**가 한글화 된다고 하더라도 정확하게 알고 있어야 하는 개념일 뿐만 아니라, 우리말로 프롬프트를 만드는 것보다 영어로 작성하는 것이 더욱 효과적이기 때문입니다. 아울러 여타 또 다른 **AI** 아트 플랫폼을 이용하더라도 통용되는 용어와 개념이기에 이미 알고 있다면 쉽게 적응/적용이 가능하기 때문입니다. 처음 시작하실 때 영어로 기억하시면 영어 채팅에도 도움이 될 것입니다. (포토샵이나 에프터 이팩트 같은 프로그램을 영어판으로 사용하길 권하는 이유도 같은 맥락에서 생각해 볼 수 있습니다.)

"Midjourney는 지금 이 순간도 진화 중입니다. "

Midjourney는 현재 베타 버전으로 정식 알파판의 개발 중에 있습니다. 판올림이 있을 때마다 개선이나 특정 서비스의 일시 중단을 반복하고 있습니다. 때문에 특정 기능의 지원이나 유무료 구동 정책 등 예고 없이 변경될 수 있습니다. 본서는 정기적인 개정작업과 판올림으로 변경 사항을 백업할 예정입니다. (2023년 초 현재는 **Midjourney V4** 버전을 기준으로 하였습니다.)

PART 1.

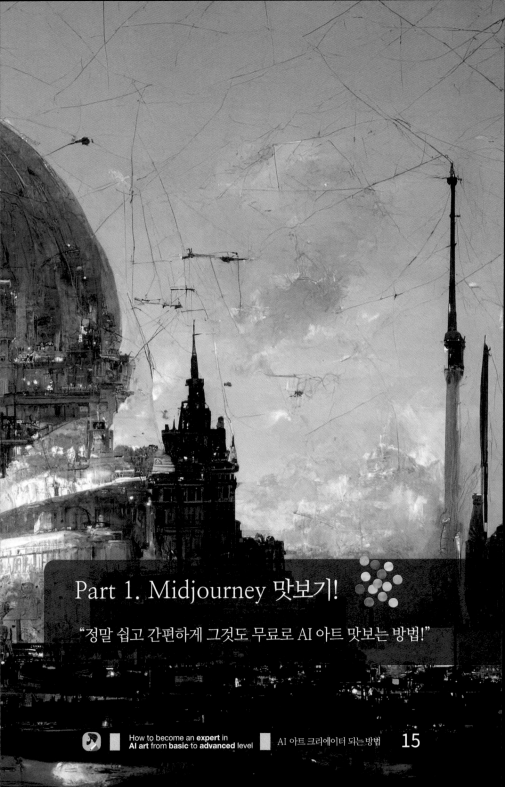

Part 1. Midjourney 맛보기!

"정말 쉽고 간편하게 그것도 무료로 AI 아트 맛보는 방법!"

1) '미드저니'에 가입하는 방법!

● **잠깐! 시작하기 전에 Midjourney 가입부터 합니다!**
가입하는 방법은 간단합니다. 다음의 순서대로 따라 하시면 됩니다.
자! 그러면 먼저 다음의 **QR** 코드 또는 링크로 이동하여 가입합니다.

https://bit.ly/3I4mCfE

① 아래처럼 현란한 홈페이지가 나오면 **Sign In**을 클릭합니다.

&+ Join the Beta   G Sign In

● 이미 가입을 하였다면 옆의 **Join the Beta**를 클릭합니다..

□ Getting Started   ⊠ Community Showcase

② '사용자명', 사용하실 아이디를 입력합니다. >>> 그리고 '계속하기'

③ 이제 계정을 만들게 됩니다. '사람입니다' 체크합니다.

④ 사용자가 사람인지를 확인하는 과정, 지시대로 체크합니다.

⑤ 생일을 입력하고 '완료'를 클릭합니다.

⑥ '이메일'과 '비밀번호'를 입력하면 '가입 완료'입니다.

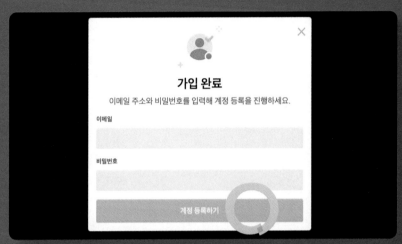

⑦ 본인 이메일함에 와있는 '확인 링크'를 클릭하면 완료, 우상단 X를 클릭!!

8 가입 완료! 인증 완료! 이제 **Discode**로 가서 **Midjourney**를 만납니다!

2) '미드저니' 훑어보기!

● **Midjourney가 어떤 모습인지 살짝 훑어보겠습니다!**
아래와 같은 모습을 확인할 수 있습니다.

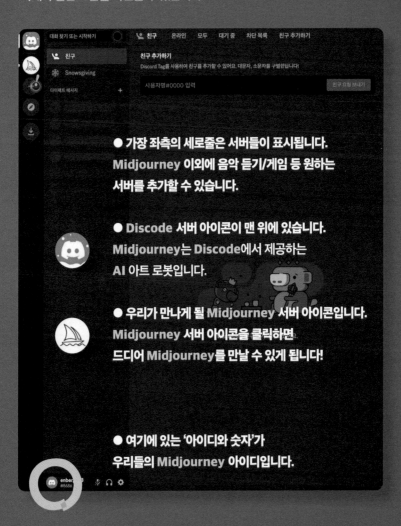

● 가장 좌측의 세로줄은 서버들이 표시됩니다.
Midjourney 이외에 음악 듣기/게임 등 원하는
서버를 추가할 수 있습니다.

● Discode 서버 아이콘이 맨 위에 있습니다.
Midjourney는 Discode에서 제공하는
AI 아트 로봇입니다.

● 우리가 만나게 될 Midjourney 서버 아이콘입니다.
Midjourney 서버 아이콘을 클릭하면
드디어 Midjourney를 만날 수 있게 됩니다!

● 여기에 있는 '아이디와 숫자'가
우리들의 Midjourney 아이디입니다.

3) '미드저니' 도전 1분 컷!

"드디어 우리 생애 첫 **AI** 아트에 도전합니다!"

우리는 **MidJourney**에서 무료로 25장의 **AI** 아트 이미지를 만들어 볼 수 있습니다! 처음 로그인하는 초보자에게는 25장의 **Free Trial [프리 트라이얼]** (무료 체험)이 제공됩니다 일단 여기서부터 시작하면 됩니다. '25장의 무료 이미지 생성'이라는 것은 (대략 하나의 이미지 생성에 1분으로 계산해서) 약 25분의 **GPU**를 무료로 사용할 수 있게 해준다는 뜻입니다.

MidJourney는 지속 가능과 확장을 위해 25개의 쿼리(25회의 **GPU** 사용 권한)를 처음 가입자의 첫 경험을 위해 제공합니다. 이렇게 **GPU**를 사용하는 것을 **Jobs [잡스]** (작업) 또는 **GPU-minutes [지피유-미닛]** (**GPU** 사용시간)이라고 합니다.

'**AI** 아트 맛보기' 정도만 필요하신 분은 **Free Trial**로도 충분할 것입니다. 계속해서 전문적으로 사용하려는 우리들은 이후에 필요에 따라 몇 가지 옵션의 멤버십을 구독하면 됩니다.

자! 딱 1분 컷으로 **Midjourney** 그림 만들기를 시작합니다.
서너 걸음만 걸으면 우리 손으로 **AI** 아트 작품을 만들어낼 수 있습니다.

① 첫 번째 스텝 : 프롬프트

● 초간단한 방법으로 연습해 보겠습니다. 과연 어떤 절차로 이미지가 생성되는지를 가장 간단한 방식으로 확인하는 과정입니다.

● 먼저 사이드 바의 우측 메뉴에 있는 **# newbies-<숫자>** [헤시태그 뉴비 넘버] (신입회원) 채널 중에 아무 거나 한 곳을 클릭하여 들어갑니다.

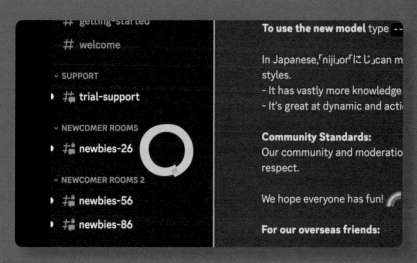

● 그러면 그림처럼 페이지 중앙 맨 하단에 동그란 플러스 아이콘과 그 옆의 커서가 있는 입력창이 있습니다.

● 이 입력창을 클릭하고 **/imagine** [슬레쉬 이메진]을 입력합니다. **/i** [슬레쉬 아이]만 입력해도 자동완성 팝업이 뜨기 때문에 선택하여 클릭하면 됩니다.

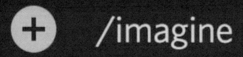

● 입력한 다음 스페이스바를 누르면 텍스트를 입력할 수 있는 **Prompt Field** [프롬프트 필드] (프롬프트 입력창, 단어 또는 문자열 입력창)가 생기는데, 여기에 우리가 원하는 이미지에 대한 정보를 영어 단어로 입력합니다.
(첫 연습이니까 간단하게, **daisy** (데이지), **joy** (행복), ***beautiful flower*** (예쁜 꽃) 등 아무 영어 단어를 입력하고 엔터를 누릅니다.)

/imagine prompt
There are endless possibilities...

● 그러면 50초 정도 지나면 4장의 그림이 2장씩 2단으로 생성되어 보여집니다. 진행상황은 % 숫자로 표시됩니다. (많은 사람들이 동시에 접속하여 활동하고 있기 때문에 나의 게시물이 금방 위로 사라집니다. 위로 스크롤 하여 반전되어 있는 나의 게시물을 찾습니다.)

② 두 번째 스텝 : '변형'하고 싶을 때는 **V**를!

● 4장의 그림 중에서 우리가 원하는 그림과 가장 유사한 이미지를 선택하여 또 다른 버전의 이미지를 생성할 수 있습니다. **V1** 왼쪽 위, **V2** 오른쪽 위, **V3** 왼쪽 아래, **V4** 오른쪽 아래로 번호가 매겨집니다.

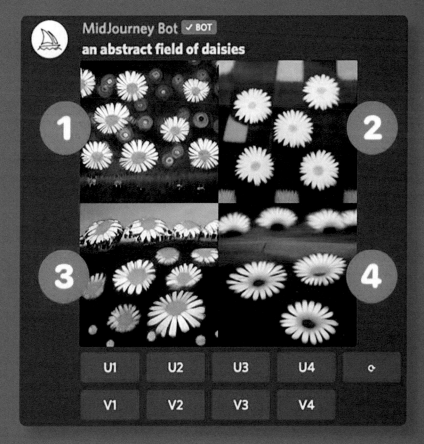

● 이미지가 마음에 들지 않으면 사이클 모양의 '새로 고침 버튼'을 클릭합니다.

③ 세 번째 스텝 : '업스케일'하고 싶을 때는 **U**를!

● 이번 단계에서는 업스케일을 통해 이미지의 디테일을 더하고, 더 높은 해상도로 렌더링 할 수 있습니다. **U1**은 왼쪽 위, **U2**는 오른쪽 위, **U3**는 왼쪽 아래, **U4**는 오른쪽 아래입니다.

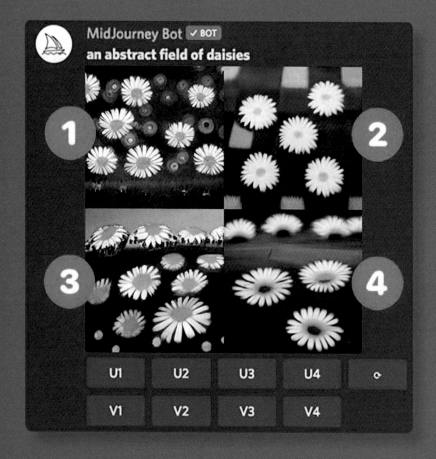

④ 네 번째 스텝 : '내 PC에 저장!'

● 마지막으로 업스케일링이 완료되면 아래의 새로운 버튼이 표시됩니다.

Make Variations [메일 베리에이션]은 확대된 이미지에서 새 변형을 생성합니다.

Upscale to Max [업스케일 투 맥스]는 최대 해상도로 업스케일링 하지만 시간이 많이 소요됩니다. (무료 평가판 사용자의 경우 **GPU** 시간이 25분밖에 없으므로 생략하시기를 권합니다.)

Light Upscale Redo [라이트 업스케일 리두]는 업스케일을 다시 생성하지만 디테일은 떨어집니다.

● 이 상태에서 엔터를 누르면 최종 이미지가 생성됩니다.
이미지를 클릭하여 전체 크기로 연 다음, 마우스 오른쪽 버튼을 클릭하고 **Save image** [세이브 이미지]로 내 컴퓨터에 저장하도록 선택할 수 있습니다. 이렇게 하면 우리들의 첫 번째 **AI** 아트 작품이 마침내 '탄생'하게 된 것입니다!

잠깐만요! 혹시 '디스코드'를 아시나요?

Midjourney는 게임할 때 음성채팅을 지원하는 바로 그 유명한 채팅 애플리케이션 **Discord**를 통해 실행됩니다. 게이머들에겐 이미 오래전부터 친숙한 **Discord**가 인공지능 아트 생성기도 내놓은 것입니다.

Discord: https://discord.com

원래 **Discord [디스코드]** (약칭: 디코)는 게이밍부터, 교육과 비즈니스 영역의 커뮤니티 생성을 목적으로 설계된 **VoIP** 응용 소프트웨어(인터넷 프로토콜 기반 네트워크 소프트웨어 : 인스턴트 메신저)의 하나입니다. 디스코드는 채팅 채널에 있는 유저 사이의 텍스트, 이미지, 비디오, 음성 커뮤니케이션에 특화되어 있습니다. 디스코드는 마이크로소프트 윈도우, **macOS**, 안드로이드, **iOS**, 리눅스, 웹 브라우저 등 거의 모든 환경에서 실행될 수 있으며 2022년 최고의 SNS 플랫폼으로 선정되었습니다. (2022년 기준 전 세계 사용자 1억 5천만 명)

웹 3.0 시대의 최첨병으로 평가 받는 **Discord**가
강력한 **AI** 아트 플랫폼/애플리케이션을 선보인 것입니다.

PART 2.

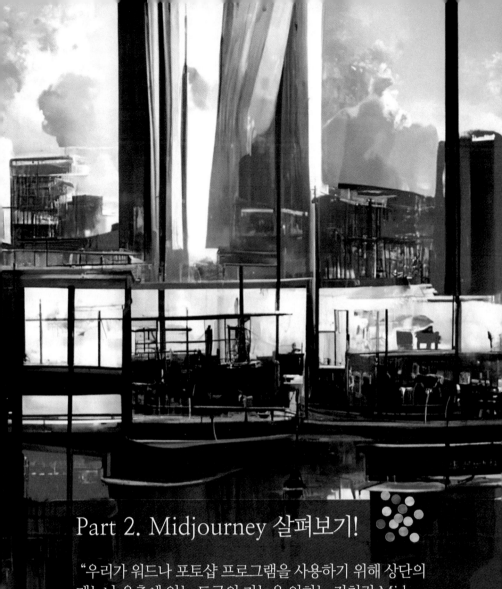

Part 2. Midjourney 살펴보기!

"우리가 워드나 포토샵 프로그램을 사용하기 위해 상단의 메뉴나 우측에 있는 도구의 기능을 익히는 것처럼 Midjourney를 효과적으로 사용하려면 구조와 동작에 대한 이해가 필요하며, 차근차근 익혀 나갈 필요가 있습니다."

1) '미드저니' 페이지 구성/메뉴 살펴보기!

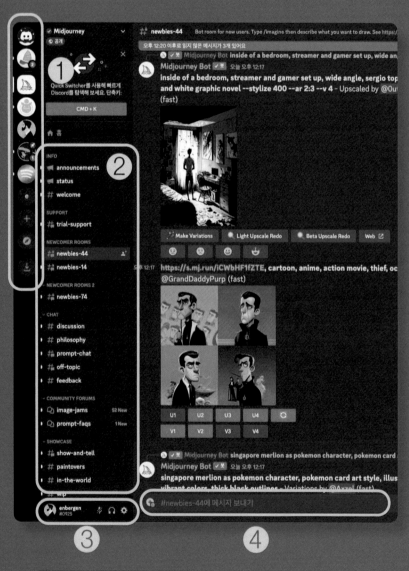

Bot room for new users. Type /imagine then describe what you want to draw. See https://...

① "서버 영역입니다."
Discode 서버 아래 **Midjourney** 서버 아이콘이
보입니다. 게임이나 **Spotify** 같은 음악 서버를 추가할 수
있고, 동호회나 친목 서버를 만들어 추가할 수 있습니다.

② "채널 영역입니다."
서버 하위 채널이며, 채널은 **Discode Bot**으로 작동합니다.

③ "사용자 정보 영역입니다."
사용자 아이디와 식별 번호가 표시되며,
음성 채팅/헤드폰 사용/설정 아이콘이 있습니다.

④ "입력창 영역입니다."
Discode 명령어를 사용하여 작업을 진행할 수 있습니다.

⑤ "접속자 정보 영역입니다."
사이트에 접속된 회원들의 상태 정보가 표시됩니다.

TEAM — 6
danielrussrusse
DavidH
jack
Nadir (Cat-leaning)
Sam
Seb

MIDJOURNEY BOT — 1
Midjourney Bot

CHARON THE ALL KNOWING ONE ...
Charon the FAQ Bot

MODERATOR — 6
croakie !
Digital
fracil
Goofball
They're not cat legs, they're b...
Matt (Facebook mod)
Shade

GUIDE — 15
ai_curio
ameades
Blue Man
dafyomilimerick
Geomonlover
• It has eyes and a brow...
joonbug
jrdsctt
Inscryption 하는 중
Larc (لsار)

2) '미드저니' 세부 채널 살펴보기!

다음과 같은 대표적인 채널들이 있으며, 채널명 앞에 # Hashtag [해시 태그]
기호가 붙어 있으면 권한에 따라서 채팅을 할 수 있습니다.

● announcements, faq, welcome 채널
공지사항/문의/환영 등 각종 인포메이션이 있는 채널입니다.

● chat 채널
다양한 주제와 관심사로 채팅할 수 있는 채널이 상시 운용됩니다.

● Community forum, showcase 채널
커뮤니티 피드의 다양한 채널들에서는 회원들의 작품을 감상하고 댓글을 남길
수 있습니다.

● # newbies-00 채널
처음 가입한 신입회원들이 활동할 수 있는 채널입니다.
우리는 'newbies-숫자' [뉴비-넘버] 채널로 들어가면 됩니다.

● Community Showcase 웹 앱
구독자가 되면 Community Showcase [커뮤니티 쇼케이스]에서 베스트 퀄
리티의 작품을 감상하고, 프롬프트 정보를 얻을 수가 있습니다. 가장 최근의 작
품들에서부터 가장 인기 있는 작품까지 구분하여 감상할 수 있습니다. 이들 작품
에서 영감을 받고 힌트를 얻어서 동일한 수준의 훌륭한 작품을 만들어 낼 수 있
습니다. https://www.midjourney.com/showcase/recent/

***** 우리가 그림을 만드는 채널은 Midjourney Bot이고,
Community Showcase는 별도의 웹 애플리케이션입니다.

Community Showcase

How to become an **expert** in
AI art from **basic** to **advanced** level

AI 아트 크리에이터 되는 방법 35

3) '미드저니' Bot 채널 명령어 살펴보기!

MidJourney는 Discord의 체계 하에서 작동되며, Discord의 Cord, 즉 명령어들을 MidJourney뿐만 아니라 다른 서버에서도 공통적으로 사용할 수 있습니다. MidJourney의 채널에서 사용하는 주요 명령어들을 알아보겠습니다.

● **MidJourney Bot** 채널에서 사용하는 대표적인 명령어들

다음은 MidJourney에서 Bot에 내릴 수 있는 대표적인 명령어들입니다.

❶ **/imagine**
/imagine [슬래시 이메진]은 우리가 입력한 텍스트(단어/문장), 즉 prompt [프롬프트]로 이미지를 만들 때 사용합니다. prompt에 원하는 그림의 스타일이나 키워드를 넣으면 50초 안에 4장의 이미지가 두 줄로 만들어집니다.

❷ **/help**
/help [슬래시 헬프]는 Midjourney Bot에 대한 일반적인 정보와 유용한 팁을 보고 싶을 때 사용합니다.

❸ **/info**
/info [슬래시 인포]는 사용자의 프로필, 구독 여부, 사용량 및 현재 실행 중인 작업에 대한 정보가 필요할 때 사용합니다.
(다음 그림처럼 8가지 사용자의 이용 정보를 확인할 수 있습니다.)

Your info - enbergen#0000
Subscription: None (Trial)
Job Mode: Fast
Visibility Mode: Public
Fast Time Remaining: 25.00 minutes
Lifetime Usage: 0 images (0.00 hours)
Relaxed Usage: 0 images (0.00 hours)

Queued Jobs: 0
Running Jobs: None

④ **/subscribe**
/subscribe [슬래시 섭스크라이브]는 구독 페이지로 이어지는 링크가 나옵니다.

⑤ **/fast**
/fast [슬래시 패스트]는 '빠른' 모드로 전환할 때 사용합니다.

⑥ **/relax**
/relax [슬래시 릴렉스]는 '릴렉스' 모드로 전환할 때 사용합니다. Relax 모드
에서는 작업 비용이 들지 않지만 생성할 때 시간이 다소 더 걸립니다. Standard
및 Corporate 요금제 구독자에 한해서만 Relax 모드를 사용할 수 있습니다.

⑦ **/show <작업 ID>**
/show [슬래시 쇼]는 갤러리에서 Job ID [잡 아이디] (작업 ID)를 복구할 때
사용합니다. 입력창에서 Job ID를 입력하여 해당 작업을 다시 호출하면 리마스
터링을 할 수 있습니다. (업스케일과 변형 작업을 다시 할 수 있다는 뜻입니다.)
이렇게 하면 이미지에 액세스할 수 없는 경우에도 우리가 생성한 모든 작업을 다
시 되살릴 수 있습니다.

Job ID를 찾는 방법은 두 가지가 있습니다.

(1) **Midjourney** - 이미지 위에 마우스를 놓고 세 개의 점을 클릭하여 옵션을 연 다음 '복사... > 작업 **ID**'를 선택합니다. 이렇게 하면 **ID**가 클립보드에 복사됩니다. 이제 찾으시는 이미지의 작업 **ID**를 가지게 됩니다.

(2) **Discord** - 입력창에서 이모지 버튼을 클릭하고 팝업이 나오면, 검색창에 **Envelope** [엔벨롭] (편지봉투)이라고 입력하고 찾기를 합니다. 그러면 **Mid-journey Bot**이 시드와 작업 **ID**가 포함된 **DM** 메시지를 보내줍니다.

예를 들어 **Discord**로 돌아가서 **/show**를 입력한 다음 작업 **ID**(예: /show dfd1d656-d5c5-4e3e-a1b6-420c1b52ad81)를 붙여넣고 **Enter** 키를 누릅니다. 그러면 우리가 찾고 있는 이미지가 나타나게 됩니다.

⑧ **/public**
/public [슬래시 퍼블릭]은 '공개' 모드로 전환할 때 사용합니다. **Public Mode** [퍼블릭 모드] (공개 모드)에서의 작업은 스레드 또는 **DM**에서 생성하는 경우에도 갤러리의 모든 사람이 볼 수 있습니다.

⑨ **/private**
/private [슬래시 프라이빗]은 '비공개' 모드로 전환할 때 사용합니다. 비공개 모드에서는 작업을 비공개적으로 나 자신만 볼 수 있습니다. **Private Mode** [프라이빗 모드] (개인 모드)를 사용하려면 월 **20$**의 추가 비용을 지불하면 됩니다.

U2　U3　U4　🔄

V2　V3　V4

idjourney Bot **real girl with growing frowers from her skin** - Upscaled by @Ambong (fa 🖼
ey Bot ✓봇 오늘 오전 10:43
with growing frowers from her skin - Upscaled (Beta) by @Ambong (fast)

Emoji > Envelope >DM

GIF　스티커　이모티콘

envelope

Variations　🔍 Light Upscale Rec

idjourney Bot **https://s.mj.run/**
ey Bot ✓봇 오늘 오전 10:43
.mj.run/PEnR9hZ8hX8 po
_Order (fast)

-44에 메시지 보내기

● The Best Way to Become an **Ai Art Creator**

● **Bot** 채널 사용법

구독자는 **MidJourney Bot** [미드저니 봇]을 개인화 할 수 있습니다. 많은 사람들이 동시에 접속하여 사용하기 때문에 방금 전 내가 만든 그림을 찾기 어려울 수밖에 없습니다. 이럴 때는 나의 작업을 모아서 볼 수 있도록 오른쪽에 있는 **MidJourney Bot** 메뉴를 나의 서버에 추가하여 사용합니다.

/imagine prompt   portrait, beard man, winter clothing, ancient warrior, super resolution

PART 3.

Part 3. Midjourney 도전, 프롬프트!

"Midjourney로 그림 만들기의 핵심, 프롬프트를
이해하고, 프롬프팅을 잘 하는 방법을 총정리합니다!"

1) '미드저니 1분 컷' 복기해보기!

"본격적으로 시작하기 전에 앞서 경험한 1분 컷을
다시 한번 정리해 보겠습니다."

우리가 앞에서 1분 컷으로 경험한 이미지 생성 과정을 좀 더 디테일하게
이해하는 순서입니다. 이미지를 생성하는 과정을 분석적으로 이해하면,
이미지 생성 노하우를 발전시킬 수 있습니다.

❶ 우리가 앞서 사용한 **# newbies [뉴비스]** (신입/초보자) 채널을 포함
하여 각각의 채널은 **AI Bot [에이아이 봇]** (로봇)입니다. 즉 채널은 우리의
요구에 응대하는 '로봇'인 것입니다. 디스코드에서 제공하는 모든 **Bot**은
인공지능 자동화를 이용하여 사용자의 편의를 제공하고 명령을 수행합
니다. 처음 시작하는 우리는 **# newbies** 채널에서 시작합니다.

❷ **Midjourney**의 **Bot**을 사용해서 이미지를 생성하려면 **Discord**에
서 통용되는 명령어를 입력하면 된다고 했습니다. '**/ Slash [슬래시]** (빗
금) + 명령어'의 형식을 사용하면 되는데, 이미지를 생성 하려면 그림처
럼 입력창을 클릭하여 생긴 커서에 **/imagine [슬래시 이메진]**이라고 입력
합니다. **/i**만 입력해도 자동완성 팝업이 뜨기 때문에 선택하여 클릭하면
됩니다.

/imagine prompt

There are endless possibilities...

③ 그러면 **Prompt Field [프롬프트 필드]** (프롬프트 입력창)가 생기고, 이제 커서가 깜박거리는 자리에 우리가 원하는 그림에 대한 설명을 영어 단어 또는 문장으로 입력하고 엔터 하면 됩니다. (**ex : daisy**) (현재까지는 영어/중국어/일어 등 특정 언어만 지원되고 있기 때문에 우리는 영어 단어 또는 문장으로 입력하면 됩니다.)

④ 이제 이미지 생성이 시작됩니다. 그림이 만들어지는 데는 약 50초 정도 소요되며, 곧이어 우리는 4개의 이미지를 볼 수 있게 됩니다. 격자 형태로 이미지 4장이 배치되어 보여지는데 이를 **Grid [그리드]** (격자 형태)라고 합니다.

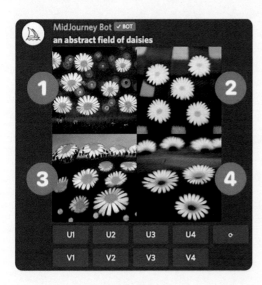

⑤ 여기서 우리는 **Initial Options [이니셜 옵션]** (초기 옵션)을 만나게 됩니다. 옵션은 4장의 그림 아래 두 줄의 '작업 버튼 세트'로 나타납니다. 윗줄에는 **U1, U2, U3, U4**, 아랫줄에는 **V1, V2, V3, V4** 버튼과 **Redo [리두]** (재생성) 버튼이 있습니다.

⑥ '좀 더 정교한 이미지'를 원하면 **U, Upscale [업스케일]** (확대 : 고해 상화) 버튼 중에 하나를 선택하고, '다른 별도의 변형된 이미지'를 원하면 **V, Variations [베리에이션스]** (변형) 행에서 원하는 이미지의 숫자 버튼을 클릭하면 됩니다. 그리고 가장 오른쪽의 **Redo** 버튼은 세부 사항을 추가 하지 않고 처음부터 다시 고급화 합니다.

Upscale [업스케일] (**U**) 버튼을 클릭하면 선택한 이미지의 **1024x1024** 픽셀 버전이 생성됩니다.

Variations [베리에이션스] (**V**) 버튼을 클릭하면 선택한 이미지와 전체적 인 스타일 및 구성이 유사한 4개의 새 이미지가 생성됩니다.

⑦ 윗줄의 **U** 버튼을 클릭하면 추가적인 몇 가지 옵션을 만나게 됩니다.

Make Variations	Upscale to Max	Light Upscale Redo

Make Variations [메이크 베리에이션스] 버튼은 **Variations** 버튼과 동일 한 기능을 수행하여 새로운 대안 이미지를 생성합니다.

Upscale to Max [업스케일 투 맥스] 버튼은 이미지를 **1664x1664**의 훨씬 더 큰 해상도로 업스케일링 합니다.

Light Upscale Redo [라이트 업스케일 리두] 버튼은 세부 사항을 추가하지 않고 처음부터 다시 고급화 합니다.

(이미지의 디폴트 해상도는 **512×512**이며, **upscale 1024×1024**, **upscale to max 1664×1664**, **beta upscale redo 2048×2048**입니다.)

⑧ 이미지 저장 방법 :

이미지를 클릭하여 전체 크기로 연 다음, 마우스 오른쪽 버튼을 클릭하고 **Save image**로 내 컴퓨터에 저장하도록 선택할 수 있습니다. 모바일 사용자의 경우 이미지를 탭한 다음 오른쪽 상단 모서리에 있는 다운로드 아이콘을 클릭하면 됩니다.

⑨ 이미지를 전송하는 방법 :

이미지와 최종 결과가 포함된 **DM [다이렉트 메시지]**를 전송하려면 우상단 이모티콘 〉 **Envelope [엔벨롭]** (편지봉투) 아이콘을 클릭하면 됩니다.

⑩ 게시물 찾는 방법 :
위아래로 스크롤하여 프롬프트의 결과를 일일이 검색하는 대신 오른쪽 상단 모서리의 **'inbox 아이콘'**을 이용하여 해당 게시물로 곧바로 이동할 수 있습니다. **@name**을 입력하면 해당 게시물을 곧바로 찾을 수 있습니다.

2) '미드저니 프롬프트' 이해하기!

"Ai로 이미지를 만들어내기 위해
우리가 제대로 알아야 할 중요한 부분,
프롬프트 작성 방법, 즉 프롬프팅입니다."

● **'프롬프트'라는 용어를 이해합시다!**

이제부터 우리는 프롬프트를 이해하고 프롬프팅에 익숙해지며, 더 나아가서 전문적인 프롬프팅 수준에 이르려고 합니다. 먼저 용어를 구분하여 이해할 필요가 있습니다. 우리가 제일 먼저 만나게 되는 **Prompt Field [프롬프트 필드]** (프롬프트 영역)는 프롬프트를 입력하는 (커서가 있는) 공간입니다. 그리고 **Prompt [프롬프트]**는 우리가 이미지 생성을 위해 입력하는 단어/문자열을 말합니다. 그리고 이러한 프롬프트를 작성하는 행위를 **Prompting [프롬프팅]**이라고 합니다. 일반적으로 프롬프트라고 통칭하지만 영어로는 분명하게 구분하여 사용됩니다.

그러니까 우리는 **/imagine [슬래시 이메진]** 명령어로 **Prompt Field [프롬프트 필드]** (프롬프트 입력창)가 생기면, 커서가 깜박거리는 자리에 우리가 원하는 그림에 대한 설명을 영어 단어 또는 문장으로 입력하고 엔터 를 하게 됩니다.
(현재까지는 영어/중국어/일어 등 특정 언어만 지원되고 있기 때문에 우리는 영어 단어 또는 문장으로 입력하면 됩니다.)

/imagine prompt　　**marvel, woman, red hair, fire, SF background**

● AI의 프롬프트 작동의 근본 원리를 이해합시다!

"프롬프트의 기술적 작동 원리를 알면
프롬프팅에 도움이 됩니다."

Midjourney가 사용하고 있는 **Ai**의 이미지 생성 방법은 **Clip Guided [클립 가이디드]**라는 기술을 바탕으로 하고 있습니다. **Clip**은 이미지와 문자를 '상호 비교 가능한 벡터'로 변환하는 **Ai**입니다.

다시 말하면, '**A**라는 이미지와 문자의 쌍의 일치도는 어느 정도인가?'를 스코어로 계측하는 **Ai**입니다. 이와 같은 방식으로 '문자'와 '그림'의 거리가 가깝도록 이미지를 생성하는 것입니다. 그래서 우리가 문자로 요구하면 **Ai**는 이와 적합한 쌍이 될 것 같은 화상을 생성해 내는 것입니다.

예를 들어 미술관/박물관/사진 작품의 제목/캡션/감상/설명이 그림과 문자의 쌍이 되는 것처럼, 우리는 이미지가 문자로 설명되는 방식에 대한 이해가 깊을수록 **Ai** 아트 생성이 용이할 수 있습니다.

어떤 이미지를 보고 우리들이 느끼는 생각을 단어로 나열하여, 그림을 묘사하고 정리하는 연습이 필요할 수 있습니다. 결국 프롬프트를 잘 쓰기 위해서는 연습이 필요하며, 갤러리의 큐레이터처럼 그림을 단어/문자열로 설명하는 것에 익숙해질 수 있다면 더욱 유리할 것입니다.

● 프롬프팅의 기본적인 가이드를 이해합시다!

"프롬프트는 영어로 입력합니다."

입력할 때 기본적으로 이해하고 있어야 할 내용을 정리했습니다.

① 명확한 단어의 사용이 원하는 결과에 더 가깝습니다. '문장'보다는 '단어' 형태의 명령이 효과적입니다. 정확한 영어가 아니라면 동사의 중의성으로 인해 결과가 변동적이고 모호해질 수 있습니다.

② **, Comma [커머]** (쉼표)는 '작은 구분', **:: Double colon [더블 콜런]** (2중콜론)은 '큰 구분'입니다. 구분이 필요한 이유는 **Midjourney**가 두 요소를 합치려는 경향이 있기 때문이며, 이를 견제하기 위해서는 구분이 중요합니다. (실제로 단일 쉼표는 구분의 의미이지, 결과에 결정적인 영향을 주지는 않습니다.) **- Dash [대시]** (이음표) 단일 대시는 둘 이상의 용어를 하나의 아이디어로 연결할 때 사용합니다. (**hotel-room-key**)

③ 이미지 사이즈의 가로 세로 비율도 중요합니다. 일반적으로 가로폭이 넓으면 더 많은 사람이 들어간 그림이 생성됩니다.

④ 선호하는 작가를 특정하는 것은 매우 효과적입니다. 인물의 얼굴을 원한다면 특정 '작가의 초상화'라고 적시하면 됩니다.
(예 : 램브란트 스타일의 초상화)

/imagine prompt　　　　**a woman of Rembrandt portrait**

❺ 프롬프트의 키워드를 너무 길게 쓰지 않는 것이 좋습니다. 길면 길수록 예상에서 멀어질 수 있습니다. 길더라도 서로 상충하지 않도록 논리적인 연결이 중요합니다. 세세한 세부 정보가 너무 많으면 시스템이 과부하 될 수 있습니다.

❻ '이미지 링크 + 텍스트 프롬프트'의 조합이 우리가 원하는 이미지와 더욱 가까운 결과물로 생성됩니다.

❼ 만약 중국어와 일본어를 함께 사용한다면 **AI**는 더 많은 데이터를 활용하여 보다 정확한 결과물을 제공할 것입니다. 특히 동양적인 이미지를 생성하는데 효과적인 프롬프트 작성 방식입니다.
(예 : 일본 만화풍의 그림을 원하면 일본 만화작가의 스타일을 일본단어로 프롬프팅합니다.)

❽ 너무 뻔한 결과물에서 제외하고 싶은 요소는 **--no ??? [더블 마이너스노]**라고 표시하면 됩니다.
(예 : **--no glasses** ――안경은 제외할 것)

/imagine prompt　　**a woman of Rembrandt portrait --no glasses**

---

❾ 우리는 상식이라고 생각하는 부분에 대해서도 정확하게 명시하여 주는 것이 좋습니다. 추상적인 개념을 피하고, 명확하게 자세하면 할수록 우리의 의도와 가까운 결과물을 기대할 수 있습니다.
(예 : **strong hero > 3 marvel comics hero**)

● 프롬프트 기본 포맷을 이해합시다!

"프롬프트 구조를 이해합시다!
구조를 이해하면 내가 원하는 이미지를 만들 수 있습니다!"

단어 하나만 넣어도 훌륭한 이미지가 만들어집니다. (예 : **joy**)
그렇지만 우리가 생각하는 이미지를 구하려면 자세한 설명은 필수적이
며, 가급적이면 **Midjourney AI**가 익숙한 형식으로 요구하는 것이 효과
적입니다. 명확하게 표현할수록 원하는 이미지에 근접할 수 있습니다. 맥
락과 디테일을 묘사하는 것이 중요합니다. 설명이 모호하면 다양한 이미
지를 구현할 수는 있지만 원하는 이미지와는 거리가 멀어집니다.

Midjourney의 가장 기본적인 프롬프트의 구성은 다음과 같습니다.

/imagine prompt   **이미지 링크 + 텍스트 프롬프트 + 파라미터**

기본적인 프롬프트는 세 부분으로 나누어 볼 수 있습니다. 즉 1) 이미지
링크, 2) 텍스트 프롬프트, 3) 파라미터입니다. 우리가 원하는 이미지의
샘플을 **Midjourney**에게 알려준다면 보다 근접한 이미지를 만들어 주
기 때문에 이미지 링크를 제일 앞에 표시합니다. 다음으로 세부적인 내
용을 텍스트로 나열할 수 있습니다. 마지막 부분에는 디테일을 조정하는
조정값, 즉 파라미터를 넣어 기본적인 전체 프롬프트를 완성할 수 있습
니다. 이들 각 부분에 대한 구체적인 작성 방법을 연구해 보겠습니다.

3) 프롬프트에 이미지 링크하는 방법!

"원하는 이미지의 샘플이나 베이스로 사용할 이미지를
업로드하면 우리가 원하는 이미지에
더욱 가까이 갈 수 있습니다."

● 프롬프트에 이미지 업로드 방법

이미지를 프롬프트에 넣으려면 이미지의 **URL** 링크를 복사하면 됩니다. 방법은 프롬프트 창 앞에 있는 플러스 아이콘을 더블 클릭하면 내 **PC**의 이미지를 업로드할 수 있는 팝업창이 뜹니다. 또는 이미지를 프롬프트 창에 끌어다 놓아도 이미지 업로드가 가능합니다. 엔터하면 이미지가 업로드 되고, 이미지를 클릭하여 원본 열기를 한 다음 우측 마우스를 클릭하여 이미지 **URL** 링크를 복사하고 프롬프트에 복붙하면 됩니다.

한 번 만든 이미지 링크는 반복하여 사용할 수 있습니다.

● 이미지 믹싱하는 방법

이미지를 업로드하는 방식 중 또 다른 효과적인 방법으로는 별도의 텍스트 없이 프롬프트에 여러 이미지를 추가하여 새 이미지로 혼합/병합하는 테크닉이 있습니다. 두 장의 사진을 혼합하여 요소를 결합하거나(예: 강 이미지와 산 이미지) 아울러 이미지를 특정 모양으로 결합하여 이미지의 재료나 스타일을 변경할 수 있습니다. (예: '여우' 그림을 '대리석', 또는 '나무'로 변경)

4) 텍스트 프롬프트의 작성법!

명확한 프롬프트를 사용하면 원하는 이미지에 더욱 가깝게 접근할 수 있습니다. **Midjourney**의 핵심은 단연 **Text Prompt [텍스트 프롬프트]**입니다. 정확한 프롬프트가 좋은 이미지를 생성한다는 사실에 주목해야 됩니다. **Text Prompt**는 우리가 만들려는 그림의 **Style [스타일]** (스타일/형식/구성의 특징)을 단어/문장으로 설명하는 것입니다.

텍스트 프롬프트의 일반적인 구조는 다음과 같습니다.

/imagine prompt   **oil painting, landscape with sunflower, by Vincent van Gogh, red sun**

'유채화, 해바라기가 있는 풍경, 고흐, 붉은 태양'으로 만들려는 이미지의 스타일을 분석해 보면 〈전체 포맷〉〈주제〉〈작가〉〈보충〉의 구조입니다. 각각의 구성요소는 다양한 스타일로 대체될 수 있으며, 스타일에 대한 이해가 깊을수록 다채로운 작품을 생성할 수 있습니다. 스타일 프롬프트는 그림의 성격을 결정하는 요소이며, **Midjourney AI**가 이미지를 생성할 때 가장 중심에 두는 요소입니다.

그래서 우리는 **Prompt**에 넣을 수 있는 다양한 요소로서의 **Style**을 정리해 볼 필요가 있습니다. 이상적인 텍스트 프롬프트 작성을 위한 주요 **Style** 키워드들을 다음과 같이 총정리하였습니다.

/imagine prompt   pop art, abstract, ,dreadlocks, rastaman, hipster, --ar 2:3

"주요 키워드로 스타일을 정하여
프롬프트를 완성할 수 있습니다."

다음은 스타일로 선택할 수 있는 시대사조/아티스트/장르/매재/속성/효과에 기반한 스타일 키워드입니다.

❶ 시대사조를 Style로 사용할 때

archaic art (이집트 아르카익 미술), **middle age** (중세), **neoclassical art** (신고전주의), **neosachlichkeit** (신즉물주의), **nouveau realism**, (신사실주의), **neo-impressionnisme** (신인상주의), **avant-garde** (아방가르드), **renaissance** (르네상스), **baroque** (바로크), **rococo** (로코코), **aestheticism** (탐미주의), **flemish art** (플랑드르 미술), **cubism** (큐비즘), **pop art** (팝아트), **parody** (패러디), **pattern painting** (패턴 페인팅), **art deco** (아르데꼬), **expressionism** (표현주의), **contemporary art** (현대미술), **post Impressionism** (후기 인상주의), **post modernism** (포스트 모더니즘), **sci-fi** (싸이언스 픽션)

/imagine   **a pop art woman**

❷ 아티스트 이름을 Style로 사용할 때

William Blake, George Inness, Pablo Picasso, Studio Ghibli,

Hiroshi Yoshida, Max Ernst, Paul Signac, Salvador Dali, James Gurney, M.C. Escher, Thomas Kinkade, Ivan Aivazovsky, Italo Calvino, Norman Rockwell, Albert Bierstadt, Giorgio de Chirico, Rene Magritte, Ross Tran, Marc Simonetti, John Harris, Hilma af Klint, Wassily Kandinsky, Peter Mohrbacher, Greg Rutkowski, Paul Signac, Steven Belledin, Leonardo da Vinch, Michelangelo Buonarroti, Paul Gauguin, Jackson Pollock, Hans Ruedi Giger

/imagine prompt **a woman portrait by Miyazaki Hayao**
/imagine prompt **a woman portrait, studio ghibli style**

(*** 최근 작가 실명의 인용에 대한 저작권 이슈가 있어서 실명을 우회하는 방법이 고려되고 있습니다. 예를 들어 **Chat GPT**에서 **Miyazaki Hayao**의 스타일 설명을 가지고 와서 실명 없이 프롬프트로 사용하는 방법 등이 있습니다.)

❸ 펑크 장르를 Style로 사용할 때

cyberpunk, postcyberpunk, biopunk, cyber noir, neonpunk, steampunk, dieselpunk, decopunk, atompunk, steelpunk, rococopunk, mythpunk, raypunk, nowpunk, cyberprep

/imagine prompt **a cyberpunk woman**

/imagine prompt   portrait, steampunk, female robot, artistic abstract, fantasy, --ar 2:3

/imagine prompt   abstract, oil painting, portrait, beautiful woman, blue eyes, --ar 2:3

How to become an **expert** in AI art from **basic** to **advanced** level   AI 아트 크리에이터 되는 방법

④ 매재(미술재료)를 Style로 사용할 때

> painting, drawing, sketch, pencil drawing, child's drawing, charcoal drawing, ink drawing, oil on canvas, graffiti, water-color painting, fresco, sculpture

/imagine prompt   **pencil drawing of a woman**

⑤ 사진 기법을 Style로 사용할 때

Photography Style을 추가하면 조명이나 분위기 그리고 특정 카메라나 필름을 지정하지 않아도 간단하게 스타일리시한 사진 이미지를 만들어낼 수 있습니다.

> portrait photography, headshot photography, fashion photography, magazine photography, sports photography, documentary photography, black-and-white photography, noir photography, tintype photography, World War 1 photography, World War 2 photography, 1960 photography, 1980 photography, fine art photography, surreal photography

/imagine prompt   **portrait photography of a woman**

(특정하지 않으면 **photorealism**으로 결과물이 나오는 경향이 있습니다.)

⑥ 기타 속성을 Style로 사용할 때

● 특정 매체/랜더링/기술 수단을 특정할 수 있습니다.

> **Sony Alpha α7, ISO1900, Leica M, photorealistic, ultra photo-real, Unreal Engine, Unity, Octane Render, Cinematic Lighting, Dramatic Lighting, Ray Tracing**

> **/imagine** prompt   **brown dog, Octane Render**

● 부분에서 전체적인 구도를 특정할 수 있습니다.

> **portrait, headshot, ultrawide shot, extreme closeup, birdseye view, macro shot, panorama**

> **/imagine** prompt   **headshot of a woman**

● 사진 특수 효과를 특정할 수 있습니다.

> **double exposure, neon, dispersion, double color abstract ex-posure, grungy, gradient, anaglyph, distortion, halfton, glow,**

retro, glitch

/imagine prompt   **double exposure of a woman**

(이상의 효과를 중복/병합적으로 사용해도 좋습니다.)

Ai 아트 작가/크리에이터가 되려면 자신의 프롬프트를 개발해야 합니다. 독창적인 프롬프트의 개발/수집이 작품의 개성이 될 것입니다.

"아래 **QR** 코드를 스캔하면
곧바로 사용할 수 있도록 정리한
Prompft Style 키워드 목록 PDF를
다운로드하실 수 있습니다."

5) 디테일을 조정하는 파라미터 작성법!

"프롬프트의 세 번째 파트는 파라미터입니다."

● **Prompt**를 크게 세 파트로 나누었을 때 세 번째 부분은 **Parameter** **[패러미터]** (매개변수)입니다. 1) 이미지의 **URL**, 2) 텍스트 프롬프트, 3) 파라미터 (가중치 및 매개변수). **Prompt**의 매개변수란 수치/값으로 조정이 가능한 영역을 말합니다.

/imagine prompt　　　**http://myimageonline.jpg, A forest spirit at night --iw 0.2 --no trees --hd**

Parameter를 프롬프트에 추가하여 수치적인 변화를 줄 수 있습니다. 예를 들어 이미지의 사이즈, 종횡비, 해상도 등을 지정할 수 있습니다. 일반적으로 **Parameter**는 **Prompt**의 마지막에 넣습니다. **Parameter**는 -- **(Double Dash) [더블 대시]**로 표시합니다. **--** 다음에 원하는 요구를 넣고, 다음 또 띄어 쓰고 **--** 를 계속해서 이어서 사용할 수 있습니다.

다음은 대표적인 **Parameter** 목록을 정리하였습니다.

--v는 **Version [버전]** 표시입니다. **--v** 다음에 한 칸 띄우고 숫자를 넣으면 **MidJoureny**의 버전에 따른 이미지를 생성할 수 있으며 우리는 최신 버전인 **--v 4**라고 쓰면 됩니다.
(참고적으로 **Version 2**는 보다 더 추상적인 이미지를 만듭니다.
Version 3는 결과물이 보다 더 예술적이고 창의적입니다.)

--w <숫자>와 **--h <숫자>**는 이미지의 너비(**wide**)와 높이(**Height**)를 각각 설정합니다. 사용하는 값은 256에서 2034 사이이지만 최대 업스케일해상도는 약 3메가픽셀입니다. **--w**와 **--h** 다음의 숫자는 64의 배수로 설정하는 것이 더 잘 작동됩니다.

--ar은 **Aspect Ratio [애스펙트 레이쇼]** (종횡비)를 나타냅니다. **--ar**로 원하는 가로 세로 비율을 지정할 수 있습니다. 예를 들어 **--ar 16:9**는 16:9 종횡비(448x256)의 이미지를 생성합니다. **--ar 1:1**이 디폴트입니다. 출판/인쇄용으로 사용할 경우 가장 좋은 종횡비는 **--ar 3:2**와 **--ar 4:5**입니다. (포스터는 **--ar 2:3**입니다.)

--hd는 **High-Definition [하이 데피니션]** (고선명도)입니다. 별도로 업스케일할 필요 없이 한 번에 더 높은 해상도로 이미지를 생성합니다.

--no는 **No [노]**를 말하며 제거/제외를 명령할 때 사용합니다. (**--no plants** 하면 이미지에서 '식물을 제거'라는 뜻입니다.)

--video는 생성 이미지의 생성 과정을 **Video [비디오]** (동영상/비디오)로 보여주는 것입니다. 프롬프트를 입력한 다음, 오른쪽 상단에 있는 이모지 아이콘 **Add reactoin [에드 리액션]**에서 편지봉투 모양의 아이콘을 찾아서 클릭합니다. 그러면 우리가 만들 그림 위에 비디오 **URL**이 새로만들어져 표시됩니다. (**MP4** 파일이며 나의 컴퓨터로 다운로드 할 수 있습니다.)

--seed는 우리가 이미 만든 이미지와 유사한 콘셉트로 만들고 싶을 때 사용합니다. 이미 만들어 놓은 이미지에 오른쪽 마우스를 클릭하면 **seed [씨드]** 번호를 카피할 수 있습니다. 이를 프롬프트 창에 복붙하면 됩니다.

--chaos는 0에서 100까지의 숫자를 함께 사용할 수 있는데, 이는 숫자가 높을수록 보다 더 상상력이 발휘되어 이미지가 생성됩니다. 일반적인 예측의 범위를 넘어서는 이미지를 만들어 내기 때문에 **chaos [케이어스]**라는 표현을 사용한 것입니다.

--q 2는 **Double quality [더블 퀄러리]**로 두 배 좋은 품질을 생성합니다.

--tube는 자주 사용하는 선호 항목을 자동적으로 적용되도록 합니다. 일종의 '사용자 지정옵션'입니다. **--tube [튜브]**를 입력하고 추가하고 싶은 내용을 (예를 들어 **--q 2 --video**를) 입력하고 엔터를 하면 됩니다.

(그 밖의 정식 서비스가 시작되면 사라지거나 다른 기능으로 통합될 베타 테스트용 **Parameter**는 생략합니다.)

/imagine prompt   **fantasy,   fictional,   beauty woman, blue hair, blue eyes, --ar 2:3**

6) 가중치 적용하는 방법!

텍스트 프롬프트에서 특별히 강조하고 싶은 부분이 있다면 **Weight [웨 이트]** (가중치)를 주어 강조할 수 있습니다. 기본적으로 숫자가 높을수록 강조됩니다. **Weight** 표시는 **:: Double Colon [더블 컬론]** (이중 콜론)으 로 표시합니다. **Double Colon**은 내용을 분할할 때 사용하는 하드 브레 이크이며, 다중 프롬프트라고도 합니다. **AI**는 기본적으로 두 가지를 병 합하려는 경향이 있는데 **Double Colon**은 한 항목을 다른 항목에서 분 리하는데 매우 유용한 도구입니다.

Weight 적용방법은 **::2**처럼 이중 콜론에 가중수치를 표시합니다. 그러 니까 **black::2**라고 하면 '검정색을 보다 더 강조할 것!'이라는 뜻이 됩니 다. 언급하지 않은 다른 요소는 기본적인 **Weight**가 **1**인 셈입니다. **Weight**가 높을수록 **AI**가 해당 내용에 더 집중하고, 음수 가중치(**::-0.5**) 는 상대적으로 덜 중요하게 처리됩니다.

/imagine prompt   **white dog, sunflower**

/imagine prompt   **white dog::1 sunflower::2**

/imagine prompt   **white dog::1 sunflower::-0.5**

PG-13

PG-13 is a common type of content rating that applies to media entertainment, such as films and television shows, generally denoting, "Parental Guidance: Some material may be inappropriate for children under 13 to 15.

잠깐만요! 혹시 '주의할 점'을 아시나요?

Midjourney는 PG-13 정책에 따라 폭력적, 선정적 이미지의 생성을 금합니다. 인종차별, 동성애혐오, 유아성애 또는 공인에 대한 공격적인 이미지는 불허합니다. 시각적으로 충격을 주거나 불쾌감을 주는 콘텐츠 역시 불허하며, 일부 단어의 입력은 자동으로 차단됩니다. 성인물 및 고어물의 이미지 생성은 경고의 대상이 됩니다. (자세한 사항은 **# rules, # faq, # announcements** 및 **# status** 채널에서 확인할 수 있습니다.)

잠깐만요! 혹시 'V4 모델의 장점'을 아시나요?

MidJourney V4는
- 보다 복잡한 프롬프트를 처리할 수 있습니다.(여러 수준의 세부 정보 포함)
- 다중 객체/다중 캐릭터 장면에서 더욱 효과적입니다.
- 이미지 프롬프팅 및 다중 프롬프트와 같은 고급 기능을 지원합니다.
- 다양한 이미지 그리드를 제어하기 위해 **--chaos** (0에서 100까지 설정) 파라미터를 지원합니다.

7) 프롬프트 세팅하는 방법!

자주 사용하고, 선호하는 프롬프트는 미리 설정해 놓을 수 있습니다. 프롬프트 창에서 **/settings**를 입력하고 엔터하면 아래와 같은 창이 나타납니다.

버튼들을 체크하면 우리의 프롬프트에 자동적으로 적용됩니다.
중요한 것은 첫 째줄의 **Midjourney**의 버전입니다. 최신인 **MJ version 4**를 선택하면 됩니다. (**Midjourney** 버전 4는 스타일, 해부학, 사실적 디테일을 개선한 최신의 버전입니다.) **Midjourney V4**는 속도를 개선하여 보다 더 빠른 렌더링을 제공합니다. **V4** 모델의 핵심적인 기능 중에서 가장 중요한 점은 '보다 복잡한 프롬프트의 처리'가 가능하게 되었다는 것입니다. 결국 사용자가 원하는 복잡한 요구에 더욱 충실한 결과물을 낼 수 있게 되었다는 것입니다.

나머지는 대부분 품질과 관련되는 것으로 기본 세팅값으로 놔두어도 됩니다.

네 번째 줄의 모드에서는 (구독자의 경우) **Relax mode [릴랙스 모드]**를 체크합니다. 사용하는 요금제에 따라 버튼이 자동 활성화 되며, **Private mode [프라이빗 모드]**(개인 보호 모드)는 추가요금제를 사용해야 합니다.

Remix Mode [리믹스 모드]는 이미 생성한 이미지의 프롬프트에서 명사(예를 들어 '남자'를 '사자'로)를 바꾸면 동일한 스타일의 이미지로 생성됩니다. **Remix Mode**를 켜거나 끄려면 **/prefer remix** 또는 **/settings**를 입력한 다음 **Remix Mode**를 선택하면 됩니다. 최초로 생성된 4장의 이미지 중 선택하고 **V** 버튼(**V1, V2, V3, V4**)을 사용하여 프롬프트를 편집할 수 있습니다.

the pl

잠깐만요! 혹시 '구독 서비스'를 아시나요?

● 정기구독 서비스 안내

월 30$ 유료서비스를 구독하고, **Relaxed Mode** [릴렉스드 모드] (여유 모드)로 그림을 생성하면 무제한으로 이용할 수 있습니다. 그림을 생성하는 속도에 따라 **Fast Mode** [패스트 모드] (쾌속 모드)와 **Relax Mode** [릴렉스 모드] (여유 모드)가 있으며, **Relax Mode**는 일반적인 속도로 생성하는데는 **GPU**를 사용하지 않기 때문에 무한정으로 그림을 생성할 수 있습니다.
월 10$ 상품도 있지만 릴렉스 모드를 사용할 수 없고, 재미를 붙이려고 하면 이내 사용량을 소진하고 맙니다. 후회가 없도록 30$를 구매하고, 열심히 연습하여 본전을 뽑을 방법을 모색하는 것이 현명합니다. 여기에 월 20$를 추가하면 **Private Mode** [프라이빗 모드] 즉, 나의 그림이 공개되지 않도록 할 수 있습니다.

이미지 생성 방식에는 **Fast**와 **Relax**가 있으며 처리속도에서 차이가 납니다. 즉 **Fast**는 즉시 **GPU**를 제공하여 이미지를 생성하는 서비스이고, 비용이 발생합니다. 때문에 처리하는데 약간의 시간이 더 드는 **Relax** 모드 사용을 추천합니다. **Relax** 모드를 사용하면 우리에게 할당된 **GPU** 사용치를 절약할 수 있으니, 굳이 **Fast** 모드를 사용하지 않는 것이 좋습니다.

구독 서비스에 가입하고 생성한 이미지는 상업적으로 사용 가능합니다.
(단, **Midjourney** 이미지로 1년에 100만$ 이상의 매출을 올리는 회사의 직원으로 사용하는 경우 "기업" 플랜을 구입해야 합니다. 그리고 **NFT**로 전환하는 경우 한 달에 2만$ 이상의 수익이 발생하면 20%를 지불해야 합니다.)

Basi

$8

Billed

ard F

1 / m

arly

Switch

st gene

ted Re

✓ Lim

✓ Ger

✓ Access to member gallery

General com

  How to become an **expert** in
AI art from basic to **advanced** level AI 아트 크리에이터 되는 방법

✓ Optional credit top ups

Access to m

vorks for you.

> "구독! 고민은 수익만 늦출 뿐!"

Monthly Billing

● 구독하는 방법

프롬프트 창에 /subscribe라고 하고 엔터하면 구독 페이지로 이동할 수 있게
됩니다. 페이지가 열리면 원하는 상품을 구독하실 수 있습니다. **Private Mode**
로 전환하고 싶을 때는 /private이라고 하고 엔터하면 해당 페이지가 열립니
다.

● 구독 취소하는 방법

정기구독은 언제든지 취소할 수 있습니다. (취소는 현재 청구 주기가 끝날 때 적
용됩니다.) 아울러 가입한 구독 플랜은 언제든지 자유롭게 변경할 수 있으며, 즉
시 적용됩니다. **Private**에서 남은 사용 시간은 새 요금제에 반영됩니다.

● 회원 갤러리 이용하기

Member Gallery [멤버 갤러리] (회원 갤러리)는 유료 회원들을 위한 플랫폼
에서 만들어지고 있는 이미지뿐만 아니라 생성정보도 볼 수 있는 곳입니다. 또한
Member Gallery는 자신의 이미지를 정리하고 즐겨찾기를 수집할 수 있는
매우 유용한 장소입니다.

illing →

rations

How to become an **expert** in
AI art from **basic** to **advanced** level   General commercial terms
AI 아트 크리에이터 되는 방법   73

ms

ery

✓ Access to member gallery

PART 4.

Part 4. Midjourney 실전 프롬프트!

"Midjourney 크리에이터로서 우리의 내공을 다지는
실전 프롬프트 단련 파트입니다!"

1) 실전! 프롬프팅 마스터를 위한 훈련!

"이제 우리들의 프롬프트를 개발해 나갑시다!"

Midjourney 프롬프팅 마스터가 되는 방법은 아래의 3가지입니다.

❶ 훈련! 좋은 작품을 열심히 찾아 본다!

Community Showcase [커뮤니티 쇼케이스]에서 최고 퀄리티의 작품을 감상하고, 프롬프트 정보를 얻을 수가 있습니다. 내가 좋아하는 작품들에서 나의 스타일을 찾을 수 있습니다.

https://bit.ly/3XNdgcW
https://bit.ly/3DnbkQc

❷ 훈련! 좋아하는 작가를 팔로우 한다!

마음에 드는 작가의 작품을 찾아 봅니다. 같은 곳에서 시작하지만 아직 없는 새로운 작품을 만드는 소중한 영감을 얻게 될 것입니다.

https://bit.ly/3Y4aKyL
https://bit.ly/3Y8FVcr

마음에 드는 작품의 프롬프트가 어떻게 구성 되어 있는지 구조를 이해합니다. 나만의 프롬프트 공식, 나만의 프롬프트 구조식을 만들 수 있는 훌륭한 씨드가 되어 줄 것입니다. 프롬프트를 연구합시다! 단어 하나로 바뀌는 모습을 쫓아 봅시다! **Midjourney**가 어떻게 반응하고 우리에게 어떤 결과물을 선사하는지 유심히 살펴 보는 훈련이 필요합니다.

/imagine prompt   **IMAGEURL a man in an astronaut suit standing on the moon, dark sky and stars in the background --v 4**

/imagine prompt   **IMAGEURL 3D rendering of the letter S with textured metal surface:: top down photography of a motherboard, wires, transistors, backlit glowing led colored lights, computer fans, electronics, against a black background::3 --v 4**

/imagine prompt   **IMAGEURL1 IMAGEURL2 --v 4**

이상의 실전 훈련은 결국, 나만의 코드를 만드는 여정입니다. 내가 만든 코드의 단어 하나가 바뀌면서 새롭게 만들어지는 변화를 즐기십시오. **Chat GPT**를 활용하여 프롬프트를 다양하게 작성하고, 프롬프트의 메인 단어만 바꾸어서 유사한 풍의 이미지 라인업을 만들어 수집합니다. 심지어 노래의 영어 가사가 훌륭한 프롬프트가 될 수 있다는 자유로운 생각과 시도 또한 주저하지 마십시오!

2) 실전! 프롬프트 치팅 Tip!

"Cheat Code를 수집하고 연구합시다!"

마음에 드는 작가, 작품을 찾았다면 프롬프트 수집과 연구를 시작합니다!

① **Midjourney Community Showcase**에서 좋아하는 그림을 찾았다면, 해당 그림의 하단에 있는 '점 3개' 표시를 누릅니다. 그러면 팝업창이 나오는데 이때 **'Open in discode'**를 클릭합니다. 그러면 그림이 위치한 페이지로 이동하게 되고, 여기에서 그림을 만들 때 사용한 프롬프트를 카피할 수 있습니다. 카피는 팝업창에서 **Copy command** 또는 **Copy prompt**를 클릭하면 되며, 이렇게 카피된 내용을 프롬프트 필드에 복붙하여 우리들의 그림을 만들 수 있습니다.

❷ 똑같은 레시피에서 파스타의 종류만 바꾸어 다른 요리를 만들듯이, 코드/소스(프롬프트)에서 일부만 수정하여 나만의 파스타를 만들 수 있습니다. 마음에 드는 좋은 그림이 있다면 프롬프트를 카피하고 내가 원하는 대상으로 대상 이름만 변경해 봅니다. (예 : 개 〉 사자)

/imagine prompt   a friendly dog, fractal --v 4

/imagine prompt   a friendly lion, fractal --v 4

❸ 동일한 프롬프트에 아티스트 이름만 바꾸어서 이미지를 생성해보면 스타일을 비교해 볼 수 있습니다.

/imagine prompt   a dog, drawn by Artgerm --v 4

/imagine prompt   a dog, drawn by Sakimichan --v 4

❹ 좋아하는 그림 두 가지를 업로드하여 새로운 이미지로 병합 발전시킬 수 있습니다. **Midjourney**에서 찾은 이미지를 프롬프트에 넣고(**URL** 링크를 프롬프트에 복사하기만 하면 됨) 다른 이미지를 병합하거나, 몇 가지를 새로운 단어를 추가하여 이미지를 발전시킬 수 있습니다.

3) 실전! 나의 초상화/아바타 만들기!

"나의 초상화/아바타를 만들어 봅시다!"

Midjourney로 우리들의 초상화/아바타를 만들 수 있습니다. 자신의 사진을 업로드하고 이미지 링크 프롬프트로 사용하여 다양한 예술 장르로 자신의 초상화/아바타를 만들 수 있습니다. 동시에 간단한 텍스트 프롬프트의 추가로 초상화/아바타의 아름다운 배경도 생성할 수 있습니다.

다음은 아름다운 초상화 또는 아바타를 만들 때 유용한 텍스트 프롬프트입니다. 순서는 '**나의 셀피 올리기 > 링크 카피 > 복붙 + 텍스트 프롬프트**'입니다.

자신의 이미지 링크 (상반신 정면 사진) + me + 다음의 각 스타일 중 하나 또는 그 이상을 입력하면 됩니다.

특정 스타일에서 2개 이상의 텍스트 프롬프트를 병합하면 존재하지 않았던 새로운 스타일을 기대할 수 있습니다.

참고적으로 아바타의 경우, 남성이라면 프롬프트에 **male avatar** (남성 아바타)라고 표시하는 것이 좋습니다. **Midjourney**가 아바타를 여성화하는 경우가 있어서 특정하는 것이 좋습니다.

(스타일 - 화가)

in the style of Charlie Bowater, drawn by Artgerm, Alphonse Mucha, Yoshida Akihiko, Sakimichan, Krenz Cushart, J. C. Leyendecker, Norman Rockwell, John Singer Sargent, Chengwei Pan, Alex Flores, Chris Van Allsburg, Maurice Sendak, E.H. Shepard, Shel Silverstein, Brian K. Vaughan, Greg Rutkowski, Yoji Shinkawa, John Constable, Georg Baselitz, Caravaggio

(스타일 - 구도)

full shot, full body, low angle shot, profile picture, full profile, full body focus, fits in frame

(스타일 - 작풍)

oil painting, digital painting, illustration, graphic novel, caricature, Kyoto animation, anime style, アニメ, realistic, highly detailed, extremely highly detailed, photo realistic, ultra-realistic, Octane Render, cinematic, Artstation, 4k, 8k

(스타일 - 색조)

yellow mood, red mood, B&W mood

4) 실전! 8가지 장르 챌린지!

"이제부터 우리는 Midjourney 장르 전문가입니다!"

Midjourney Challenge라고 하여 다양한 장르의 이미지 생성을 연습
하는 단계가 있습니다. 다양한 프롬프트에 익숙해지면 특정 장르에 특화
된 프롬프트를 작성할 수 있게 됩니다. 스스로 학습이 마무리되는 단계
에서 시도하는 것이 바로 **Midjourney Challenge**입니다.

Midjourney Challenge는 일반적으로 초상화, 포스터, 로고 디자인,
UX 디자인, 아이소메트릭 아트, 캐릭터 디자인, 카툰(6컷), 인포그라픽,
액션피큐어, 마블석상, 게임 아이템 등의 장르 도전이 있지만 여기에서
는 가장 핵심인 6가지, 즉 ❶ 초상화(아바타), ❷ 포스터, ❸ 아이소메트
릭 아트, ❹ 캐릭터 디자인(카툰), ❺ 페이퍼 아트, ❻액션피큐어(마블스
테츄/게임 아이템)에 도전해 보겠습니다.

도전 방법은 이하 괄호 안의 용어들 중 선택하여 텍스트 프롬프트의 맨
앞에 추가하면 됩니다.

① People Portrait

다양한 스타일의 인물 이미지/초상화를 만들어 봅시다! 특히 **Mid-Joureny**는 실사에 가까운 이미지 생성이 가능합니다. 프롬프트에 추가하면 자연스럽고 사실적인 스타일이 가능한 사항들이 있습니다.
(People Portrait - polaroid, vintage photography, film photography, fuji color film)

das
Eisen
442

❷ Movie Posters

영화포스터, 광고페이지, 인포그래픽도 생성 가능합니다. **MidJoureny** 는 아직 영화로 만들어지지 않은 문학작품/사건/사실에 대해 포스터를 만들어 낼 수 있는 능력을 학습하고 있습니다.
(Movie Posters - poster, infographics, book posters, diagrammatic drawing)

❸ Isometric Art

정교한 아이소메트릭 아트를 생성할 수 있습니다. 아울러 **Plasticine [플래스터신]** (공작용 점토)에도 도전할 수 있습니다. 다음의 프롬프트로 시도하면 됩니다.
(Isometric Art - isometric, low-poly, 32 bit isometric art, box cutout, matte clay, plasticine)

A gamer's room with neon lightings, 32 bit isometric
a girl inside a beautiful garden, 32 bit isometric
Isometric illustration of a car from 1920s
A beautiful farm with animals, isometric illustration
Plasticine kitchen with plants, cooking pots and vegetables

④ **Character Design**

Midjourney는 '게임/쇼/애니메이션의 캐릭터 디자인' 및 '2D 일러스트' 등과 같은 텍스트 프롬프트로 원하는 결과를 확인할 수 있습니다.
(Character Design - 2D character design, 3D character design, sticker, 6 cut cartoon, comic strip, web cartoon)

⑤ **Paper Art**

실제 종이처럼 보이는 아름다운 종이 예술작품을 만들어 봅시다!

(Paper Art - paper art, layered paper art)

❻ **Action Figures**
액션피규어, 조각상 이미지를 만들어 봅시다!
(Action Figures - action figure, product shot, statue, sculpture)

product shot of a warhammer warrior Wolf, wearing a light armor, wearing a light helmet, brandishing a glowing sword, full figure, black plastic, Backlight, Electroluminescent Wire, Glowing Radioactivity, DOF —ar 3:4 --testp --upbeta

5) 실전! 베스트 프롬프트 소스!

"여러분을 위한 핫한 텍스트 프롬프트를 소개합니다!"

다음은 각각의 장르별 텍스트 프롬프트 모음입니다.
텍스트의 개별 부분을 수정하여 여러분의 프롬프트로 만들어 보십시오!

a diagramatic drawing of a bird --v 4

a modern house, 32-bit-plasticine --v 4

double exposure of a futuristic cyberpunk woman in an alien city by Alessio Albi --v 4

paper quilling, paper cut art, paper illustration, deer in forest, very detailed, 8k --upbeta --v 4

product shot of a warhammer warrior Horse, wearing a light armor, wearing a light helmet, brandishing a glowing axe, full figure, black plastic, Rim Lighting, moody lighting, Electroluminescent Wire, Glowing Radioactivity, DOF --ar 3:4 --testp --upbeta --v 4

Zeus on Mount Olympus, trending on artstation, sharp focus, studio shot, intricate detail, highly detailed, by WLOP, trending on artstation, sharp focus, studio shot, intricate detail, highly detailed, by Greg Rutkowski, trending on artstation, sharp focus, studio shot, intricate detail, highly detailed, by Greg Rutkowski --v 4

perfect God hugging Satan sculpture, in style of Michelangelo, sculpted from fire and water, intricate, delicate, highly detailed, beautiful, angry, classical style, Renaissance art, cinematic lighting, high resolution, 32k resolution. perfection to the max. give it to me --v 4

anime characters, young goth girl, short pastel pink hair with bangs, Studio Ghibli, Akihiko Yoshida, cherry themed anime portrait, stylized, medium full shot, smooth, poster, stylize, perfect shading, intricate, super resolution --v 4

a homeless man in gloomy London by Josef Sudek --v 4

a beautiful girl, in the style of Ghislain Barbe --v 4

an Asian man, ukiyo-e art

Anton Corbijn --v 4

William Morris, fabric pattern with cyberpunk character as main theme --v 4

Erwin Wurm's artwork depicting cyberpunk character --v 4

a little girl with light brown short wavy curly hair and blue eyes floating in space, gazing in wonder at a quasar, clear, detailed face. clean cel shaded vector art by makoto shinkai, illustration --v 4

A real perfect female anatomy made by beautiful and elegant pure white bio organic ceramic + hyper details + concept futuristic style and ecorchè style + cinematic lights + photo bashing + epic cinematic + octane render + extremely high detail + post processing + 8k + denoise --upbeta --q 2 --v 4

young adult, mid twenties, male ginger, camera around neck, wearing yellow jumper, yellow baseball cap, character design, character animation, in the style of Kentaro Miura, volumetric lighting --v 4

다음의 QR 코드를 스캔하면
장르별 텍스트 프롬프트 모음 도큐멘트를
볼 수 있습니다. 복사하여 사용하면 됩니다.

잠깐만요! 혹시 'AI 아트 저작권'을 아시나요?

● 저작권 유의사항

범용 이미지 **AI**의 저작권 논점은 크게 3가지입니다.

❶ AI의 학습은 합법인가?

현재로서는 '공개된 이미지의 **AI** 학습'은 규제대상이 아닙니다. **AI** 학습에 대한 저작물 이용은 저작권 위반으로 문제 삼지 않으나 차후 법제화 가능성은 있습니다.

❷ AI의 출력은 합법인가?

'합법적'이라는 전제로 **AI Art Generator** 개발사들은 움직이고 있습니다. 개별 작품이 저작권법의 보호대상이지, 작품이나 콘셉트나 구도는 저작권법의 대상이 되지 않기 때문입니다. 다만 사용자가 의도적으로 특정의 작품을 겨냥하여 프롬프트를 만들 경우는 그 의도가 불법으로 해석될 여지가 있습니다.

❸ AI의 출력물의 저작권은?

현재는 **AI** 프로그램으로 생성한 이미지는 저작권이 발생하지 않습니다. 그래서 누구나 사용할 수 있도록 퍼블릭 도메인이 만들어지고 있습니다. 저작권을 발생시키려면, 출력한 이미지를 2차적으로 가공, 즉 포토샵이나 라이트룸으로 합성하거나 보정작업을 거치게 되면 저작권이 발생할 수 있습니다.

추후 저작권법이 강화될 가능성은 있지만 **AI**의 출력물을 겨냥한 법제화는 기술발전의 속도를 따라잡을 수 없을 뿐만 아니라 대형기업 수준의 고수익 발생이 아니라면 개별적인 작품의 개인간 거래는 감시/감독의 영역 밖의 이야기가 될 것입니다.

PART 5.

How to become an **expert** in
AI art from basic to advanced level

AI 아트 크리에이터 되는 방법

Part 5. Midjourney 수익화 탐구생활!

"Midjourney와 함께 Web 3.0 시대의
새로운 직업, 새로운 수익의 창출을 기대합니다!"

1) '미드저니'를 활용한 크리에이티브!

"Midjourney를 활용하여 우리들의 상상력을 펼쳐봅시다!
그리고 Midjourney가 우리에게 영감과 아이디어를
제공하도록 만들어 봅시다!"

Midjourney를 사용하여 기존의 작업공정을 자동화할 수 있고, 효율을
극대화할 수 있습니다. 아울러 미지의 시장을 개척할 수도 있고, 새로운
장르의 예술 마켓을 창조할 수도 있습니다. 스튜디오를 예약하고 모델을
섭외해야 했던 현장이 **Midjourney**와 함께 장소와 시간 그리고 예산이
획기적으로 세이브 될 것입니다. 인공지능과 우리의 창의성에 대한 관심
만으로 우리는 새로운 직업세계를 경험할 수 있습니다.

❶ 그래픽 노블 만들기

Midjourney로 만화를 만들거나 그래픽 노블을 만들 수 있습니다.
비주얼 노블이나 만화를 만들 수 있는 이미지를 모아 책으로 만들 수 있
습니다.

❷ 애니메이션 만들기

Midjourney로 동일한 이미지에 대한 무수히 많은 변형을 만들어 스톱
모션 유형의 애니메이션을 만들 수 있습니다. 다량의 유사한 이미지는
Adobe Premiere Pro를 사용하여 비디오로 변환합니다.

❸ 캐릭터 디자인/피규어 3D 랜더링 하기

Midjourney로 캐릭터나 크리쳐의 디자인 스케치에서부터 피규어용 3D 랜더링까지 만들 수 있습니다. 개성있는 프롬프트로 우리들의 캐릭터 라인업을 완성해 볼 수 있을 것입니다.

❹ 게임이나 소셜 미디어 플랫폼의 아이템 만들기

Midjourney로 아바타 디자인이나 아이템 세트 디자인을 만들 수 있습니다. 한 번 만든 아이템 세트는 간단하게 업그레이드 버전을 만들어 낼 수 있습니다.

❺ 게임 레벨 설계하기

인디게임 개발자라면 **Midjourney**를 활용하여 스토리보드 및 게임의 레벨을 디자인할 수 있을 것입니다. **AI**는 레벨의 실제 경로에 대한 영감으로 사용될 수도 있으며, **Midjourney**는 바로 사용할 수 있는 프레임워크를 제공할 수 있습니다.

물론 이상의 작업들이 단번에 완제품의 수준으로 만들어지진 않겠지만, 기본적인 틀이나 영감으로 도움이 될 수 있습니다. 때문에 우리는 **Midjourney**라는 새로운 기술을 연마할 필요가 생기는 것입니다.

2) '미드저니' 작품 수익화 사이트 안내!

"AI 아트 수익화에 도전합시다!"

Midjourney와 같은 **AI** 아트 제너레이터를 활용하여 나만의 스타일을 구축하고 이미지를 생산해 낼 수 있다면 우리는 이미 작가/크리에이터입니다. 다양한 프롬프트, 다양한 스타일 그리고 다양한 색상을 테스트하여 우리들의 고유한 아트워크를 생성하면 그 자체로 사람들의 관심을 가지게 될 것이며, 상품으로서의 가치를 가지게 될 것입니다. 더우기 **Midjourney**는 한 가지 아이디어의 수백 가지 변형 이미지를 만들 수 있기 때문에 가히 막강한 경쟁력이라 할 수 있을 것입니다.

이러한 전제로 우리들의 작품을 온라인으로 판매할 수 있는 다양한 방법들이 있습니다. 그중 가장 유효한 방법은 우리들의 작품을 **POD** 비즈니스 즉, '주문형 인쇄 플랫폼'에 판매하는 것입니다.

● **AI** 아트를 판매하여 수익을 기대할 수 있는 대표적인 주문형 인쇄 제품 플랫폼을 소개합니다. 각 사이트의 가입방법/작가등록방법/계좌등록 및 결제수단을 연동하는 방법은 사이트의 안내를 따르거나, 유튜브 관련 동영상을 참고하시면 됩니다.
(다음의 **QR Code**를 스캔하면 해당 페이지로 연결됩니다.)

(참고적으로 본서에 사용된 대부분의 이미지는 이미지 스톡 사이트에서 유료 구매한 작품들입니다.)

❶ 다양한 제품군으로 판매 가능한 사이트

https://www.cafepress.com

❷ 의류용 프린트 디자인으로 판매 가능한 사이트

https://www.printful.com

❸ 패브릭 디자인으로 판매 가능한 사이트

https://www.contrado.com/fabrics

❹ 캘린더/컬러링북/만화책으로 판매 가능한 사이트

https://www.lulu.com/products

❺ 퍼즐로 제작하여 판매 가능한 사이트

https://www.vistaprint.com

❻ 신발용 그래픽/로고 등으로 판매 가능한 사이트

https://shoezero.com

APPENDIX

부록. Midjourney 레퍼런스 사이트!

"Midjourney 크리에이터를 위한
강렬한 레퍼런스 사이트를 만나봅시다!"

다음은 **Midjourney** 활용에 도움이 되는 레퍼런스 사이트 목록입니다. (2023년 2월 2일 기준이며 해당 사이트는 무료이나 예고 없이 변경/삭제/정책이 변경될 수 있습니다.)

❶ Midjourney 스타일 라이브러리 (ANDREI KOVALEV)

https://ckovalev.com/midjourney-ai/styles

❷ 시대적/지역적 화풍을 참고할 수 있는 사이트 (Wikiart)

https://www.wikiart.org/en/paintings-by-style

❸ 예술가/작품/장르 레퍼런스 시트 (Midjourney Artist Influence Reference Sheets)

https://bit.ly/3WQLmvv

(*구글독스 자료이며 동시 접속자 수에 따라 지연될 수 있습니다.)

❹ 프롬프트 작성을 도와주는 사이트 (Midjourney Prompt Helper)

https://app.noonshot.com/midjourney

https://prompt.noonshot.com/midjourney

❺ ChatGPT 활용법 안내

ChatGPT는 **Concept2PromptAI(C2P_AI)**입니다. **ChatGPT**를 활용하여 **Midjourney** 프롬프트를 효율적으로 생성할 수 있습니다.

ChatGPT를 활용하는 유용한 방향은 두 가지입니다. 먼저 이슈가 될 수 있는 작가의 실명을 우회하는 방식으로 프롬프트를 생성하는 방법이 하나이고 다른 하나는 용어(개념/사조/장르 등)의 요약/해설을 프롬프트로 활용하는 것입니다. (예를 들어 현재 활동 중인 작가의 실명 거론이 저작권 이슈가 될 수 있다면 작가의 화풍/작품의 설명을 요구하고 이를 프롬프트로 사용하는 방식입니다.)

ChatGPT에 프롬프트를 요구하는 방법은 다음 두 가지 방식이 유효합니다.

Generate a Midjourney V4 prompt in 30 words for Cyberpunk male warrior.

Can you describe Frida Kahlo's art style?

ChatGPT의 대답을 완벽한 프롬프트로 만들려면 종종 너무 긴 문장으로 되어 있는 내용을 다듬어줄 필요가 있습니다. 문장은 술어를 생략하여 명사 중심의 단어의 나열 형태로 바꾸어 주거나, 세부 정보는 우리가 직접 추가해 주는 방식으로 완성합니다.

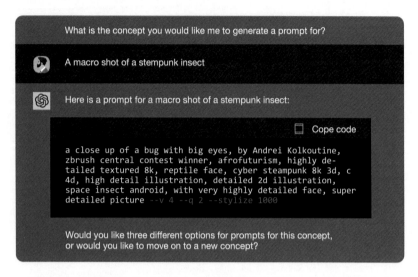

What is the concept you would like me to generate a prompt for?

A macro shot of a stempunk insect

Here is a prompt for a macro shot of a stempunk insect:

🗔 Cope code

```
a close up of a bug with big eyes, by Andrei Kolkoutine,
zbrush central contest winner, afrofuturism, highly de-
tailed textured 8k, reptile face, cyber steampunk 8k 3d, c
4d, high detail illustration, detailed 2d illustration,
space insect android, with very highly detailed face, super
detailed picture --v 4 --q 2 --stylize 1000
```

Would you like three different options for prompts for this concept,
or would you like to move on to a new concept?

(프롬프트를 제공한 후 사용자가 개념에 대한 프롬프트에 대해 3가지 다른 옵션을 원하는지 또는 새로운 개념으로 이동하려는지 묻습니다.)

❻ 주요 Text to Image AI 사이트 :

(유료 또는 부분 유료로 전환된 사이트가 있을 수 있습니다.
결제가 필요한 사이트는 스킵하시면 됩니다.)

Open AI Dall-E 2 (Press release)
https://openai.com/dall-e-2/

OpenArt DALL-E 2
https://openart.ai/create

PlaygroundAI
https://playgroundai.com/

Stable Diffusion (Public)
https://beta.dreamstudio.ai/dream

Stable Diffusion Online:
https://stablediffusionweb.com/

Pixelz:
https://app.pixelz.ai/login

Midjourney (Free Trial, paid access)
https://www.midjourney.com/app/

ArtBreeder:
https://www.artbreeder.com/beta/browse

Microsoft VQ Diffusion (Free to use)
https://replicate.com/cjwbw/vq-diffusion

Ernie:
https://bit.ly/3wQA27Y

Deep AI Text to Image (Free Access)
https://bit.ly/3E1isCr

MindsEye beta (by multimodal.art) (Free to use)
https://multimodal.art/mindseye

Craiyon (Free to use)
https://bit.ly/3Yjf9xP

Min-dalle (Free & Paid)
https://replicate.com/kuprel/min-dalle

Laion AI Erlich (Free & Paid)
https://replicate.com/laion-ai/erlich

Glid-3-xl (Free & Paid)
https://replicate.com/jack000/glid-3-xl

Mage Stable Diffusion:
https://www.mage.space/

Cog View 2 (Free & Paid)
https://replicate.com/thudm/cogview2

GFPGAN Face Restoration:
https://replicate.com/tencentarc/gfpgan

❼ Midjourney V5의 업그레이드 핵심 내용 정리 :

Midjourney V5는 이전 버전과 비교하여 차별적으로 다른 신경구조와 새로운 미적 기술이 적용되었습니다. 보다 더 높은 수준의 사실적인 이미지와 디테일을 만날 수 있습니다.

1) **Midjourney V5**의 사용법은 다음과 같습니다. :
Midjourney V5를 적용하려면 프롬프트 마지막에 **--v 5 [더블 대시 뷔 5]**를 입력하거나, 프롬프트 입력창에 **/settings**을 입력하고, 첫 번째 줄에 있는 녹색의 **MJ version 5** 버튼을 선택하면 됩니다.

2) **Midjourney V5**의 모델의 새로운 점들은 다음과 같습니다. :
– 프롬프트 문장의 높은 이해도를 바탕으로 프롬프트에 대한 반응성 향상 시켰습니다.
– 이미지 품질(해상도 2배 증가)을 개선하여, 업스케일 효과가 미리 반영됩니다. (**V5**의 기본 해상도는 업스케일링된 **V4**와 동일합니다.)
– 이미지를 활용한 프롬프팅의 성능이 향상되었습니다.